Opere dello stesso autore:

- *'Asfâr wa sirâb – Viaggi e miraggi* (bilingue), ed. I Fiori di Campo, 2003
- *'Inni qarartu 'Akhîran an 'arhala b'aîdan m'a-l-laqâliq – Ho deciso finalmente… andrò via con le cicogne…* (bilingue), Collezione Maestrale, 2005
- *Poésies depuis la ville de Menton - Poésias desde la ciudad de Menton*, (bilingue) ed. Edilivre, 2008 ; ed. BOD, 2016
- *Silvia o la ilusión del amor*, ed. Lampi di Stampa, 2010
- *Tierra del Fuego*, ed. Lampi di Stampa, 2014
- *Il caimano*, ed. BoD, 2014
- *Muhît al-kalimât – Oceano di parole*, (bilingue), ed. BoD, 2014
- *Guardando altrove*, ed. BoD, 2016
- *Poesia della Nuova Era Vol. I*, ed. BoD, 2016
- *El marcalibros*, ed. BoD, 2017
- *Rosso di Marte*, ed. BoD, 2017
- *Lemhat al-hida'at - Il profilo del nibbio*, (bilingue) ed. BoD, 2018
- *Poesie della Nuova Era Vol. 2*, ed. Bod, 2020

Collezione Reincarnazione

- *Rotta per l'India* ed. BoD, 2016
- *Il ritorno dello sciamano*, ed. BoD, 2018
- *Intuizioni e memorie*, ed. BoD, 2019
- *Il banchetto*, ed. Bod, 2019
- *Sul filo del Tempo*, ed. BoD, 2019
- *Viaggiatore atemporale*, ed. BoD, 2020
- *Ritorniamo sulla Terra*, ed. BoD, 2020
- *Il terzo viaggio*, ed. BoD, 2020
- *Da una vita all'altra*, ed. BoD, 2020

Angelo Rizzi

# E ringrazio

Éditeur : BoD-Books on Demand
12/14 rond point des Champs Élysées, 75008 Paris, France
Impression : Books on Demand, Norderstedt, Allemagne
ISBN : 97823222272211
Dépôt légal : février 2021

Biografia

Angelo Rizzi è nato a Sant'Angelo Lodigiano. Ha ottenuto una Laurea in Lingua, Letteratura e Cultura Araba all'Università Montaigne-Bordeaux in Francia e ha ottenuto una seconda laurea in Lingua, Cultura e Letteratura Italiana all'Università Sophia Antipolis di Nizza, sempre in Francia. Italiano madrelingua, ha composto i suoi poemi in arabo, spagnolo, francese e italiano. Grazie a questa sua particolarità, è stato invitato ed ha partecipato ad un congresso all'UNESCO nel 2006, a Parigi, sul tema *"Dialogo tra le Nazioni"*.

Ha partecipato a numerosi incontri poetici di rinomanza internazionale a Roma, L'Avana, Parigi, Curtea de Argeş (Romania), Djerba (Tunisia), Porto Alegre (Brasile), Vijayawada (India). Sue poesie sono apparse in antologie e riviste in Italia, Stati Uniti, Svizzera, Cuba, Argentina, Kuwait, Spagna, Brasile, Romania, Hong Kong, India e Bolivia. Nel 2015 la *"Academia de Létras ALPAS 21"* lo ha nominato Accademico Corrispondente Internazionale.

Riconoscimenti letterari.

Tra i più importanti: Vincitore Assoluto del XX° Premio Mondiale Nosside, 2004. Menzione d'Onore per la raccolta *'Asfâr wa Sirâb - Viaggi e Miraggi*, al premio Sogno di un Caffè di Mezza Estate, 2004 e Medaglia d'Argento per la stessa opera al Premio Internazionale Maestrale, 2004. Menzione di Merito al Premio Internazionale Poseidonia Paestum, 2005. I° Premio al Premio Internazionale Tra le Parole e l'Infinito, 2008, dopo avere vinto per tre volte il 2° premio nello stesso concorso nel 2005, 2006, 2007. 3° Premio al Premio Internazionale Bodini 2009. Menzione Internazionale al Premio Alpas 21, Brasile, 2009. 1° Premio al

Premio Internazionale Città di Sassari per la poesia inedita, Italia 2010. Premio della Critica al Premio Internazionale Tra le Parole e l'Infinito, 2010. 2° Premio per la raccolta *Silvia o la ilusión del amor*, della Giuria Scuole al Premio Internazionale Città di Sassari, 2011. Menzione speciale della Giuria per la Critica per la raccolta *Poésies depuis la ville de Menton-Poesías desde la ciudad de Menton* al Premio Internazionale Città di Sassari, 2012 e Premio Speciale per la Critica della Giuria delle Scuole per la stessa opera. Ha ottenuto il Premio per la Migliore Opera in lingua straniera per la raccolta *Poésies depuis la ville de Menton-Poesías desde la ciudad de Menton*, al Premio Internazionale Locanda del Doge, 2013. II° Premio al Premio Internazionale Carmelina Ghiotto Zini, 2013. 1° Premio al Concorso Internazionale di Poesia Città di Voghera, 2014. 3° Classificato per la silloge inedita *Il caimano* al Premio Internazionale Città di Sassari 2014 e Menzione Speciale per la stessa opera edita e ampliata al Premio Internazionale Casentino, 2015. 2° Premio al Premio Letterario "Il litorale", per la raccolta *Muhît al-kalimât – Oceano di parole*, 2016. Menzione d'Onore sempre per la raccolta *Muhît al-kalimât – Oceano di parole*, al Premio Casentino, 2016. Premio per la Critica, per la narrativa (racconto breve), al Premio Internazionale Tra le Parole e l'Infinito, 2016 e 2018, oltre Premio della Critica nel 2015 e 2017, oltre a il Premio del Presidente nel 2019 per lo stesso concorso. Premio per la Critica per la raccolta *Rosso di Marte*, al Premio Europeo Massa città fiabesca d'arte e di marmo 2017. 1° Premio al Premio Internazionale Città di Voghera, 2019. 1° Premio al Premio Internazionale Città di Voghera, 2020. Oltre a diverse Menzioni d'Onore e di Merito in altri premi. È stato Finalista in vari premi internazionali in Italia, Spagna, Svizzera, Argentina, Venezuela e Stati Uniti.

Membro di *REMES* (Red Mundial de Escritores en Español); *World Poet Society*; *Poetas del Mundo* e *SELAE* (Sociedad de Escritores Latino-Americanos y Europeos) e Motivational Strips (fb). Nel 2015, a Cruz Alta (R/S) in BRASILE, è stato nominato Accademico Corrispondente Internazionale dalla *Academia Internacional de Artes, Letras e Ciênsas* ALPAS 21.

- 2020, Il forum letterario mondiale Motivational Strips, Mascate, OMAN, gli ha attribuito la *Golden Medal Ambassador de Literature*

- 2020, La Unión HispanoMundial de Escritores, Urubamba, PERÙ, gli ha attribuito il *Premio Mundial a la Excelencia Literaria* 2019/2020.

- 2020, La Gujarat Academy in India e Motivational Strips lo hanno onorato per il suo apporto letterario su standard mondiali in occasione del 74° Anniversario dell'inipendenza dell'India

- 2020, La Unión HispanoMundial de Escritores, Urubamba, PERÙ, gli ha attribuito il *Premio Mundial César Vallejo a la Excelencia Artística* 2020.

Partecipazioni Letterarie

- 2004, Reading Poetico, Istituto Italo - Latinoamericano, Roma, ITALIA.

- 2005, Fiera del Libro, L'Avana, Ospite d'Onore alla premiazione del Premio Nosside Caribe, CUBA.

- 2005, Festival della Poesia, L'Avana, CUBA.

- 2006, Reading Poetico, Fiera del Libro, L'Avana, CUBA.

- 2006, Congresso all'UNESCO sul tema "Dialogo tra le Nazioni", Parigi, FRANCIA.

- 2006, Reading Poetico, Institut du Monde Arabe, Parigi, FRANCIA.

- 2014, 2015, 2016, 2018, Salone del Libro di Montecarlo, MONACO.

- 2014, *Fête du Livre*, Breil sur Roya, FRANCIA.

- 2014, *Festival du Livre*, Mouans-Sartoux, FRANCIA.

- 2016, Festival Internazionale della Poesia, Curtea de Argeş, ROMANIA.

- 2017, Reading Poetico Internazionale in chiusura al 1° *Symposium Science et Conscience*, Djerba, TUNISIA.
- 2018, Reading Poetico Internazionale in chiusura al 2° *Symposium Science et Conscience*, Djerba, TUNISIA.

- 2019, Fiera del Libro, Porto Alegre R/S, BRASILE.
- 2019, *International Conference on Contemporary World Literatures*, Siddharta College of Arts and Science, Vijayawada, Andhra Pradesh, INDIA
- 2019, *International Amaravati Poetry Meeting*, CCVA Vijayawada, Andra Pradesh, INDIA.
- Dicembre 2020, Kavya Kaumudi and Telengana Sahitya Akademi, Government of Telengana, *International Multilingual Poets' Meet*, Hydebarad, INDIA (on-line)
- Gennaio 2021, Kavya Kaumudi and Telengana Sahitya Akademi, Government of Telengana, *International Multilingual Poets' Meet*, Hydebarad, INDIA (on-line)

Premessa

Questa nuova raccolta di Angelo Rizzi suddivisa in quattro parti sorprende per la scelta multitematica e per il suo eclettismo. Nella prima parte, il poeta esordisce con una lirica ricca d'immagini, tipica del suo stile più conosciuto, che però già dal titolo *Il nuovo viaggio*, preconizza una novità, una variazione, un rinnovo annunciato. Nella seconda, l'autore si riappropria della "coscienza del momento presente", si percepisce qualcosa che cambia, che è cambiato e con fiducia cambierà ancora. Non solo riflessione e analisi giocosa, non solo un "bilancio" dei primi sessant'anni di vita, ma bensì un'apertura, apertura all'*invisibile* che esiste e si manifesta in modi inaspettati. L'*invisibile* che è sempre presente ma al quale non si fa attenzione, parassitati dall'*ego* nel quale crediamo rifletterci, il quale non è altro che un riflesso esteriore, l'ego che ragiona, che crede di ragionare, ma che in effetti pensa, considera e spesso desume secondo codici strutturati da formattazioni precedenti, accumulate sia nell'ambito familiare, che nell'ambito sociale. La terza parte abborda l'arte divinatoria, non tanto come un pronostico, ma piuttosto come una piacevole proiezione nell'indomani. Infine la quarta parte, veleggia tra la numerologia e i messaggi che ci pervengono e non capiamo o non sentiamo, distratti come siamo dai travagli quotidiani, i segni impercettibili che si manifestano e silenziosi, spesso ci accompagnano.

Tra le righe, si può indovinare il messaggio dell'autore, che non invita a "credere" a questo o a quest'altro, ma invita ad "aprirsi" senza "fissità", poiché il poeta sa, che un messaggio può essere celato anche nella semplice immagine di una foglia che cade...
Sfogliando le pagine, si avverte un cambio di cadenza, di intensità, di espressione, di stile e appare in modo chiaro che nel 3° e 4° capitolo, Rizzi si appresta a raccogliere ciò che ha seminato nei due capitoli che precedono: un cambio di frequenza che porta verso il benessere e l'energia.
Questo libro è un dialogo con l'Universo e con i segni dell'*invisibile*. Un libro-sorpresa, che si arricchisce pagina dopo pagina di un'alta tonalità positiva.

*Ringrazio l'Universo per quello che mi ha dato
e per quello che mi ha tolto,
perché c'è sempre una ragione
e un insegnamento.*

Valentina Verani Bambic

*Ringrazio mia nonna paterna Anna Maria,
che ha vissuto come un fiore silenzioso
e sempre mi accompagna.*

A.R.

*Nel Sé si trova il mondo intero,
e se voi sapete guardarlo ed imparare,
la porta si trova davanti a voi
e la chiave è nella vostra mano.*

J. Krishnamurti

*Io credo che siamo liberi, entro certi limiti, eppure sono convinto che c'è una mano invisibile, un Angel- guida, che in qualche modo, come un'elica sommersa, ci spinge avanti*

Rabindranath Tagore

# Il nuovo viaggio

## Il nuovo viaggio

Quando penso lontano
mi trasformo in cedro dell'Atlas
in liuto, in pianta carnivora
in prosodia
in punto alla fine d'una frase
punto esclamativo
a volte, punto di domanda.

Quando guardo lontano
vedo cieli più ampi, più alti
fino alle vertigini
vedo il ghepardo
inseguendo l'antilope
ghiacci polari che stridono
impauriti dal sole
e sciolgono forse per sempre.

Quando penso lontano
mi trasformo in un lago di sale
in un volo planato di falco
un sussulto di foglie
in giunchi che flettono al vento.

Quando guardo lontano
vedo una piazza
e la statua di un uomo

anche lui guarda lontano
vedo l'ombra sul fianco
della montagna
una nave di notte
guidata dal faro
dervisci rotanti che danzano
sotto la luna *sufi*.

Quando penso lontano
mi trasformo in cactus solitario
in un flauto andino
in onda d'oceano
un'idea scoccata da un arco.
vedo foglie d'acero
cadere a novembre
impronte sulla neve
lasciate a gennaio
nel giorno
del compleanno.
Quando guardo lontano
vedo un'alba stupefatta
di essere un'alba.

## Quando ero laggiù

Quando ero laggiù
in quel posto che non nominerò
laggiù, tra l'oriente e l'occidente
tra il nord e il sud
tra la foglia e il vento
tra il flauto e il tempo
laggiù, dove tramonta
e sorge il sole
dove le montagne
non sono lontane dal mare
il cielo dal sale
la sabbia dallo scoglio
il pensiero dall'idea
l'enigma dalla soluzione
il gabbiano dal faro
laggiù, dove le città
si spengono di notte
e la gente medita
sul mondo che muta
o forse non medita affatto
ma mi piace pensarlo.
Quando ero laggiù
ascoltavo musiche d'altrove
melodie sconosciute
ritmi inabituali
trovando nel diverso

la soluzione che qui
non mi si poteva dare.
Quando ero laggiù
in quel posto che non nominerò
raggiungevo a volte l'estasi
che mi attendeva nell'emozione.
Succedeva e succede ora
perché quel posto laggiù
è dentro di me, lo porto con me
in qualsiasi istante, in ogni momento.
Quando sono laggiù
in quel posto che non nominerò
trovo la risposta
aprendo il palmo della mano
dove leggo tra le linee
che quello che cerco, l'ho già trovato.
Da quando ho scritto il libro sui miraggi
tutto è cambiato, lentamente
come la tartaruga, la lumaca
ma con la prudenza della pantera.
I miraggi che si sono realizzati
non li avevo immaginati
mentre quelli immaginati
sono rimasti dei miraggi.

## Mi son visto

Mi son visto viaggiare lontano
mentre la mia ombra
cercava di raggiungermi.
Ho visto giungere un'altra ombra
ho guardato intorno chiedendo:
A chi appartiene quell'ombra?
E un'antilope apparve, bella
come un'antilope.
Mi son visto viaggiare lontano
sedere tra le dune
tra i silenzi interrotti solo a tratti
da giochi di flauto e un ritornello arabo.
Mi son visto in via Marconi, 60
durante un'infanzia felice
mi son visto viaggiare lontano
camminare nella vecchia Avana
bere un caffè all'hotel Florida
ascoltare musici per le strade
parlare con un'artista al mercato
discutere di poesia con un tassista
mentre mi conduceva
alla fortezza della Cabaña.
Mi son visto viaggiare più vicino
però il modo di viaggiare
lo fa sembrare lontano
guardando l'Acropoli dal basso

guardando il mare dalla nave
fermarmi nella quieta Pyrgi.
Mi son visto viaggiare più in alto
fra nidi di cicogne vicino a Talsi
e guidare l'auto per ore ed ore.
Mi son visto ritornare a Milano
essere il solo in piazza all'aurora
ascoltare la città che dorme ancora
incontrare un amico e con lui andare
ad una mostra, dentro Palazzo Reale.
Mi son visto viaggiare
tra templi d'Egitto posati sul Nilo
moschee mamelucche ricche di storia.
Mi son visto parlare con l'imam
della moschea di Al-Azhar
poi parlare con l'imam
della moschea di Al-Hasan.
Mi son visto viaggiare nel vicino Oriente
sentirmi a mio agio
a Izmir, Efeso, Kušadasi
viaggiare in treno tutta la notte
per unire due continenti
varcare la soglia di Santa Sofia
osservare verso l'alto
l'impressionante volta
e capire tutto

quello che avevo studiato.
Mi son visto sedere su tappeti rossi
nella moschea di Solimano
geniale idea dell'architetto Sinan.
Mi son visto entrare al Topkapi
meravigliarmi di tutto
pranzare ad un tavolo
che sporge sul Bosforo.
Mi son visto osservare le lune
a Bandar Abbas, sull'Oceano indiano
forare una gomma verso Tiznit
d'una *renault quattro*, rossa
presa a noleggio.
Mi son visto al festival, di Cartagine
assistere alla danza *baratha natyan*
mi sono visto già adulto
studiare l'arabo a Tunisi
per sei settimane
e ancora altre quattro l'anno seguente
abitare a El-Menzah con altri studenti
italiani, tedeschi, francesi,
spagnoli, svizzeri, jugoslavi
belga, danesi, americani
e altri che sfuggono dalla memoria.
Mi son visto appagato a Lisbona
perché la città mi rammentava qualcosa

mi son visto realizzare un sogno
entrare all'Alhambra, di notte, di giorno
mi son visto restarmene a casa
e viaggiare lo stesso tra le culture.
Mi son visto invitato
ad un congresso all'UNESCO
recitare poemi a Parigi
di fronte a quattrocentocinquanta persone
a Sassari mi son visto ascoltare
una poesia, l'avevo scritta in spagnolo
declamata da Hernán Loyola
amico di Pablo Neruda.
Mi son visto viaggiare lontano
tra i fiori rossi dei *flamboyanes*
ed avere una spiaggia infinita
a Cienfuegos, tutta per me
respirare la bruma tra i Mogotes
nella valle di Viñales
traghettare a Malmöe
rinascere a Barcellona
vagolare di notte per il Barrio Gotico
mi sono visto amare Cracovia
onorare Praga tre volte
a Copenaghen in bicicletta
passeggiare nel silenzio di Faaborg.
Mi son visto nella mirabile Lucca

a Volterra, Ascoli, Macerata
Siena, Foligno ed anche Perugia.
Mi son visto dire, che hanno tagliato
platani vecchi di più di cent'anni
perché ci dovevano fare
l'entrata d'un nuovo parcheggio.
Eh sì! Tutti dicevano
che non vi era una soluzione!
Mi son visto a Reggio Calabria
in un giorno importante," assoluto"
un giorno che tutto ha cambiato.
Mi son visto attraversare
la brulla Sierra Nevada
arrivare a Cordova
entrare nell'Alcazar.
Mi son visto con degli scarponi
in mezzo alla neve, a Berlino
e poi in alto, sulla torre
ad Alexander Platz.
Mi son visto e ancora mi vedo
seduto alla Biblioteca Sormani
cercando traccia di un documento
che mi farà riavere il dovuto.
Mi son visto giocare col *freesbe*
sedere in Piazza Dam a fumare
mi son visto suonar la chitarra

in Italia, Francia, Spagna, Marocco
mi son visto nel Monferrato
colline tonde, castelli ed amici.
Mi son visto nella foto
in un campo, mentre lanciavo un disco
sì, mi son visto discobolo
e sebbene sia poco sportivo
diventare il campione della provincia.
Mi son visto camminare per ore
nei corridoi dei Musei Vaticani
stupirmi di fronte alle stanze
dipinte da Raffaello, per finire
ammaliato, rapito, nella Cappella Sistina.
Mi son visto scrivere
lettere da Mohammedia
salire sull'espresso per Marrakech
dipingere a pastello la Koutoubia.
Mi son visto una volta molto deciso
volevo aprire un negozio a New Delhi
ma non sapevo di cosa, che cosa?
Mi son visto perdere centinaia di libri
scritti in cinque lingue diverse
tutte le foto dei viaggi, le foto d'infanzia
documenti e diplomi nell'inondazione
ma c'è chi ha perso la casa, persino la vita.
Ho scritto di Bombay senza mai andarci

ho scritto da un faro senza mai starci
mi aspettano a Porto Alegre
ed anche a Curtea de Argeş
mi aspetta anche l'India da troppo tempo.
Mi son visto in alto, su ad Erice
davanti al tempio di Segesta
a Cefalù, Siracusa, Ragusa.
Mi son visto un giorno d'estate
dentro una foto lungo il Tamigi
in un'altra nel British Museum
e ancora, tra gli *azulejos* e la Giralda
lungo il Guadalquivir.
Venezia ogni volta è diversa
ma tra le italiane preferisco Firenze.
Tredici volte ho cambiato di casa
ho cambiato di residenza
a volte ci vuole pazienza
mi son visto abitare in paesini inutili
vivere in altri migliori
in città piccole, in alcune più grandi.
Mi son visto in un grande giardino
con alberi secolari, in altri più piccoli
dove mio padre coltivava legumi
mi sono visto nella quieta Mentone
ero molto sorpreso arrivando
nel veder la mia ombra
che mi stava aspettando.

                                                   Luglio 2016

## Reinventare il tempo

Vorrei reinventare il tempo
tra la metafora e il viaggio
vorrei ripensare la realtà
senza caderne fuori
in equilibrio
tra il senso e l'idea
la libertà e la costrizione.
Vorrei ricostruire *il qui ed ora*
per viverlo in accordo
al ritmico movimento delle parole
vorrei dominare le interferenze
i *flashback*, le anticipazioni
perché intemporali
per vivere infine
il momento presente
ridare spazio e respiro
al soffio che si arricchisce
nella melodia dell'esperienza.

## Matrioska

Nella prima vita
camminavo
sotto una luna rossa
gli anni '60
l'epoca Beatles
possedevo
la curiosità silenziosa
camminavo e mi affermavo
uscendo solo
per andare al cinema
la domenica sera.
Nella seconda vita
correva l'adolescenza
camminavo
sotto una pallida luna
un'epoca interessante
di cambiamenti, trasformazioni
malgrado un contesto limitante
che è durato molto tempo
per non dire troppo, troppo a lungo.
Nella terza vita
camminavo
sotto una luna d'oriente
attraversando
culture straniere
città immutate

lune di sabbia
per lavoro, per studio
per la silente
curiosità del mondo.
Nella quarta vita
mentre camminavo
mi è apparsa
una luna di poesia
cambiava spesso di colore
la mia preferita
era color albicocca.
Nella quinta vita
camminavo
sotto una luna aurea
muovevano gli eventi
continuamente
ancora oggi
si stanno muovendo.

E ringrazio

## Nell'infinito

Nell'infinito delle cose
nell'infinito del silenzio
che va oltre l'orizzonte
oltre le idee, le parole
oltre le porte del tempo
cerco
nella profondità del respiro
la via, della pura coscienza.

Verso sud

All'ombra della rosa
ridisegno la nuova via
dove si incamminano
il mio pensiero
il mio respiro
appena tornati
da un lungo esilio.
All'ombra della poesia
ridisegno il mio giardino intimo
dove regnano le tue labbra
rosse come le rose
e un alfabeto che si scrive
da destra verso sinistra.
All'ombra della tua presenza
nell'assenza
conto i giorni
cercando il crescente di luna
e con la mano
indico verso sud.

## L'angelo e la luce

Nella quiete dei pensieri
filtra una luce, dorata
una luce che chiama l'angelo
quando l'angelo cerca la luce.
Oltre la finestra
scende la notte
e una pioggerella fitta, fine
come musica lieve
mentre nel cuore
è giorno di pace.

L'aurora

Alla luce del mattino
vibrano gli alberi
tutti gli esseri
la vita.
Nell'estasi dell'aurora
appoggiata ai bordi
dell'indicibile
il tempo non esiste
il Sempre è più esteso
di quello che credi
l'Eterno è più ampio
del Sempre
l'energia che chiami
immaginazione
è pura Creazione.
Allora siediti
guarda, osserva
respira, sorridi
cogli questo momento
e scegli Chi Vuoi Essere.

## Il silenzio dei pianeti

In questa notte insonne e quieta
scrivo cercando rime
con il silenzio dei pianeti
e l'invisibile
la mia penna è un vagabondo
nell'oscurità senza eco.
Questo silenzio è canto
di zenzero e rosmarino
silenzio che affina i desideri
tra l'attenzione, l'intenzione
la serenità di questi versi.

# Oggi

Oggi la mia gioia
è uno strumento a corde
un arpeggio dal tocco leggero
un calamo che posa sul foglio
una traccia sinuosa, sensuale
segreta, eppur visibile.
Oggi scelgo la lingua materna
per adagiare parole
l'una accanto all'altra
come rose innamorate.
Oggi mi sono svegliato
sazio di quel che ho
del caffè che mi attende
dell'eco del flauto
e ringrazio.

## Le tempie imbiancano

Le tempie imbiancano
il poema ringiovanisce
e così il cuore.
Mi circondano libri
parole disegnate
dall'inchiostro della notte
unica ombra
su metà della Terra.
Sono nato in un secolo
mi ritrovo in un altro
mi ritrovo in un nuovo autunno
dove le foglie, una ad una
lasciano i rami
e come le vecchie energie
si allontanano dolcemente.
Intanto il mondo gira
spostando le ombre
in un ritmo lento
allineato al mio soffio
allineato all'equilibrio
che mi sta aspettando.

Al bordo della vita

Al bordo della vita
mi illumina uno sguardo
il suo sguardo
mi spuntano le ali
prendo il volo
come un angelo
una farfalla
un'aquila.
Al bordo della vita
mi sporgo in avanti
vedo un mare
che tende al verde
parole
che danzano tra i flutti
e libri, e rose
a perdita d'occhio.
Al bordo della vita
osservo
tutto ciò che possiedo
che mi appartiene.
Questo mare è mio
questo è il mio cielo
le montagne attorno
sono mie.
Al bordo della vita

tra il passero e l'aurora
respiro profondamente
e dopo un lungo silenzio
applaudo.

# Nuovi paradigmi

Nel nome dell'autunno
che cambia di colore
scelgo il silenzio
l'immobilità
la verticalità
nel nome dell'inverno
non ancora cominciato
desidero mettere
più lentezza nella vita
per viverla ancor meglio
nell'ampiezza
nel nome del poema
e di questa notte blu
che si espande sino ai confini
alle prime ore di luce
cerco nuovi paradigmi
per passare
dal piccolo *Io* perturbatore
al grande *Sé* unificatore.

Il presente ideale

Dall'altra parte del mare
indico verso nord
l'unione di due esseri
di diversi costumi
avvicina l'oriente all'occidente
avvicina la pace
l'amore, la luce
allontana le paure
distruttrici dell'ego.
Stiamo calmi!
Noi siamo il presente ideale.
Guardiamo in avanti!
Noi saremo il futuro migliore.

Il vento porta

Un grande vento d'ottimismo
soffia sulla vita
che evolve sempre più
verso spazi di invenzione
di piacere
tempo di vivere.
È il messaggio
che porta il vento
un dolce cambiamento
come luce di fondo.
Sembra acquisita
una certa saggezza
una certa distanza
dalle circostanze
dagli avvenimenti
per valutare con lucidità
tutto quello che arriva
che arriverà.
Le risorse morali
sono rinforzate
gli ideali chiari ed elevati
il vento porta
ispirazioni proficue
per riflessioni affermative
e un'inventiva feconda
riflessioni più vicine

alla meditazione
che alle diatribe passionali.
Il vento porta la pace
la calma, la serenità
un'eccellente
configurazione d'arcani
per tutto ciò che conta
per avanzare nella vita.

## Un filo d'oro

Ci si deve riconnettere
sul piano verticale
per trasmettere in seguito
sul piano orizzontale
cercare il cuore del cuore
la casa dove si infiltrano
miliardi di intrusi pensieri.
Bisogna ritornare
al centro di se stessi
nella pienezza e per sempre
fissare le radici
nei cristalli della Terra
per comprendere questa presenza
sulla Terra.
Dobbiamo inviare un filo d'oro
dal cuore verso i cristalli più profondi
un altro filo d'oro verso il capo
e oltre
per ricevere informazioni
dall'alto e dal basso
così, come fanno gli alberi.

## Mi accolgo

Desidero seminare
pensieri di luce
disperderli in ogni landa
ogni contea
per assistere assieme a voi
che mi leggete
quindi partecipate
all'elevazione collettiva
della coscienza.
Mi accolgo
nella relazione con l'altro
senza giudizio
mi accolgo
nell'esperienza con l'altro
mi accolgo
nella responsabilità dei pensieri
che ogni istante creano
l'istante che segue.
Desidero seminare
pensieri di luce
spargerli in ogni luogo

ogni angolo
ogni dove
desidero addolcire
la disarmonica immagine
che a volte si può avere
con l'anima.
Desidero cambiare la frequenza
elevare la vibrazione
dare un colore all'energia
desidero seminare
radiosi pensieri di luce.

## L'illusione del tempo

Ho dentro, un paesaggio
d'una calma rara
persino l'aria muta
attende senza rimorsi
le prime luci del nuovo giorno
per rinnovarsi a piacimento
dentro l'alveo del tempo presente.
Ho dentro, un paesaggio
in movimento
dove il cielo è più blu del blu
il contorno dei monti
è ritmato da tratti diseguali
e l'albero della voce
attende i suoi simili
pronto alla corale.

Altri semi

Un ciclo è finito
un altro che inizia
Anna Maria, la nonna
mi è apparsa in sogno.
Ha appoggiato
la sua guancia alla mia
dicendo con affetto:
Resta diritto e tranquillo!
Nel giardino interiore
matura ogni tipo di pianta
due giardinieri celesti
scesi a visitarlo, esclamano:
Che magnifici frutti!
Il terreno è fertile, pronto
nell'orto del risveglio
delle nuove energie
traversato da sorgenti
d'amore e di vita.
Vi pianterò altri semi
di pace e poesia.

## Elisir sonori

Tutto è immobile
tranne il silenzio
e l'illusione del tempo.
Nel silenzio
si celebrano tutte le note
come elisir sonori.
Nell'illusione del tempo
non muove il tempo
che non esiste
mentre l'illusione muove
e non si ferma mai.

# Rivelazioni divinatorie

## Sono previsti

Sono previsti
profondi cambiamenti
e tutto l'essere teso
verso il compimento
di mutamenti ormai certi.
È necessaria la forza d'animo
per gestire l'energia dominante
per non trattenere che il coraggio
la volontà indispensabile
all'adempimento di questi progetti.
Ogni veemenza, ogni idea
di resa dei conti
dev'essere proscritta
è una sfida interiore
che si gioca in questo momento.
Questa vita non conviene più!
Ci si vede l'opportunità di cambiare
pur senza cancellare il passato.
L'introspezione, la riflessione
meglio ancora, la meditazione
accompagnerà idealmente
questo passaggio
verso il nuovo equilibrio

che si tratti di nuovi vincoli
o di qualsiasi decisione
cruciale per l'avvenire.
I cambiamenti sono possibili
e l'audacia non sarà estranea
al contrario
ne sarà il motore essenziale.

## Ieri

Ieri, mi sono giunti pensieri
dicevano:
Ascolta la tua intuizione
le tue emozioni
i tuoi veri sentimenti interiori
impegnati solo in cose
che risuonano con te
e ti fanno sentire
genuini sentimenti
di anticipazione ed entusiasmo.
Sii paziente un po' più a lungo
in quanto alcune parti
del piano più grande
devono essere sistemate, in modo
che le porte adeguate della possibilità
dell'occasione
si aprano al momento giusto
piuttosto che sussultare alla prima cosa
che infastidisce la tua attenzione
il tuo interesse, le tue passioni
il tuo cammino.
Aspetta i segni chiari ed ovvi
che ti guideranno nella retta direzione.
Qualcuno, mi ha ispirato queste idee
qualcuno, forse un angelo

un'energia, una forza positiva
o Anna Maria, mia nonna paterna
che nel suo silenzio, senza vederla
sempre m'accompagna.
Percepisco un'apertura ai segni
che sono sempre presenti
ma non vediamo mai
o ai quali
prestiamo poco interesse.
Aumenta la mia attenzione
all'invisibile che esiste
e si manifesta.

## Rivelazioni divinatorie (27/04/2018)

In un modo o nell'altro
studierai, ti allenerai
sarai impregnato di ciò
che gli altri hanno fatto:
la saggezza degli antichi.
La tua vita si stabilizzerà
sul percorso positivo
della tua linea di condotta
che promette di essere dinamica
e senza grandi contraccolpi.
Questo, ti lascerà libero
di attuare i tuoi programmi
a modo tuo
secondo i tuoi ideali personali.
Non sentirai il bisogno
di particolari evasioni
perché il vero, il reale
non ti ferisce troppo.

È un periodo fruttuoso
se accetti la parte che implica
la solitudine forzata.
La sosterrai meglio
scoprendone la sua utilità
la possibilità di andare

nella tua profondità
Ecco un ritiro
che può renderti
più ricco con te stesso!

Stai costruendo il tuo prossimo
codice d'onore, il manifesto
delle tue qualità morali.
Il passaggio solitario
che ne comporta
non può che giovare
allo sviluppo di concetti
chiari e inattaccabili.

Prendi questo
come un esame di autenticità
preparati, rivedi i tuoi classici
e questo tempo
si rivelerà fecondo
con grande saggezza
in tutti gli atti importanti
della tua vita futura.

## Tarocchi 1

Trarrai beneficio
positivamente
da questi ultimi mesi
riflettendo concretamente
su ciò che ti aspettavi dalla vita
lanciando nuove basi
nella tua stessa esistenza.

Hai trovato la tua strada
con certezza
la tua influenza può portarti
a trasmettere il frutto
delle tue esperienze
a guidare gli altri sul sentiero
dell'autorealizzazione.

La tua forza morale cresce
stabilendosi su una base
completamente stabile
che ti permetterà concretamente
di liberarti da certe preoccupazioni
di porre fine a situazioni ingrate
di separarti da persone
che non portano nulla di positivo.
L'armonia e la sicurezza
regneranno nella tua vita

la tua posizione sociale
non potrà che migliorare.

Stai entrando
in un periodo benefico
della tua vita
durante il quale, i tuoi contatti
le tue amicizie
attraverseranno un momento
di sviluppo visibile, collettivo.

Una situazione in fragile equilibrio
riacquisterà la sua pienezza
il tuo modo di agire sarà molto utile
per l'evoluzione dei tuoi affetti.
Le nuove conoscenze
promettono di essere solide
e svilupperanno in te
la tua parte migliore.

Tarocchi 2

Sei arrivato ad una fase
di riordinamento
della tua vita
in cui troverai
momenti propizi
per lanciarti
in maniera efficace
in una ricostruzione
un riordinamento
una ricreazione
che corrisponde veramente
ai tuoi desideri.
Sarai in grado di trovare
un più saldo equilibrio di vita
farai in modo di agire ed importi
il più conforme possibile
alle tue ambizioni.

Questi grandi cambiamenti
sono un'opportunità
per armonizzare le incoerenze.
Il tuo atteggiamento
posato e costruttivo
ti aiuterà
in modo rilevante
a trovare ausilio

per i tuoi progetti futuri.

Questa è una
configurazione arcana
eccellente
per tutti coloro
che hanno optato
per nuove idee
le hanno sviluppate
in modo intelligente
hanno combattuto per loro
e si si sono impegnati
a raggiungere obiettivi concreti
scegliendo le persone giuste.

In ogni caso
il tuo successo è certo
perché i tuoi piani
sono solidamente elaborati
e abilmente difesi.
Hai il potere materiale
di cambiare le cose
hai il desiderio, l'energia
l'autorità.
Le circostanze interferiscono
e tu puoi gestire la tua vita

in una direzione
che ti conviene veramente.

Questo nuovo inizio
è diventato possibile
grazie alla maturità
che hai dimostrato
ai progressi personali
che hai realizzato
agli studi che hai intrapreso.

Ti affermi spontaneamente
attraverso decisioni utili
con l'energia necessaria
per attuare questi progetti.
Sei protetto dagli impulsi
annunciati da questa lama
senza ostacoli di alcun tipo.
Stai progredendo
con più mordente
determinazione e autonomia.

## Questa configurazione d'arcani

Questa configurazione
di arcani
annuncia la fine
di un passato
la riconversione
verso tutt'altra cosa.
Vivrai un periodo
durante il quale
si svolgeranno
grandi trasformazioni
in profondità.

I cambiamenti radicali
si svolgeranno
in tutte i settori della tua vita.
Questo ti trasformerà
dall'interno
contribuirà notevolmente
a cambiare
il tuo senso dei valori
la tua percezione
delle gerarchie.

Puoi quindi considerare
un nuovo inizio nella vita
più costruttivo

ma non prima
di aver risolto
i problemi in sospeso
non prima
di aver riconosciuto
i difetti delle tue motivazioni
gli errori
che hai commesso in passato.
Per il momento
la cosa più proficua
è porsi
alcune domande di base
soprattutto intorno a te
per identificare
le motivazioni profonde
di chi ti circonda.
Perché se devi rivedere
le tue motivazioni
sarà bene capire
anche quelle degli altri.

Sarai in grado
di inserire meglio
le tue attività
nel tuo ambito
e ottenere risultati
molto più gratificanti.

Passiamo
attraverso periodi
dove a volte
dobbiamo fare
un passo indietro
per meglio saltare.
Questo
è esattamente
quello che ti accadrà
nelle prossime settimane.
Questa configurazione
di arcani
annuncia un aumento della fiducia
nelle tue capacità
che ti porterà
spontaneamente in avanti.

## Rivelazioni

Passerai attraverso
un periodo
durante il quale
la tua vita seguirà
un corso tranquillo
senza sobbalzi
ne *shock* importanti.
Questa quiete
potrà sembrare cupa
ma ti permetterà
di assimilare meglio
gli ultimi cambiamenti
che hai sperimentato
e trarne una filosofia di vita
ben più forte.
La tua vita emotiva
si stabilizza
è meglio relativizzare
le tue attrazioni
le tue repulsioni.

È un periodo
di evoluzione interiore
che si sta preparando.

Sarà nella più grande

solitudine
scelta o forzata
che vivrai
cambiamenti profondi
nella tua vita.

Non puoi più accontentarti
di ciò che stai vivendo
ed in un modo o nell'altro
hai deciso di rompere
con una vita quotidiana
che non ti interessa più
un'esistenza
che non ti assomiglia.
Supera le prove
considera un espatrio
cambia lavoro
ricomincia da capo
con un'altra persona
quanti più cambiamenti
possibili
e divenuti necessari.

La tua profondità
di riflessione
sarà la forza trainante

di questi cambiamenti.

Sentirai più forti
i tuoi ideali
le tue opinioni
più profonde
le tue convinzioni.

Questo stato d'animo
ti farà agire positivamente
per attraversare questo periodo
di trasformazioni essenziali
nonostante il vento
di introspezione
che ne nascerà.

Messaggi dall'invisibile

## Messaggio dall'invisibile

Il numero 1111
in questi giorni
mi appare spesso
si annuncia come
un messaggio cifrato
un codice di risveglio
risveglio della coscienza.
Mi ricorda
che noi siamo esseri spirituali
che hanno un'esperienza fisica
piuttosto che esseri fisici
che si avventurano
in esperienze spirituali.
Annuncia un aumento
di sincronicità
e coincidenze improbabili
miracolose
che appaiono nella vita
annuncia che
una passerella energetica
si è aperta
e rapidamente manifesterà
i pensieri in realtà.

## L'angelo della fiducia

Il numero 2202 vuole dire
di qualcosa che non vedi
ti incoraggia
ad essere diplomatico
cooperativo con gli altri
per dare un esempio positivo
da cui imparare.
È manifestazione celata
porta un messaggio dei tuoi angeli
per mantenere dentro te
fede, fiducia
equilibrio ed armonia
rimanere ottimista
sul cammino che tu precedi.
Ti incoraggia a vedere
l'immagine più grande
a lavorare con i dettagli necessari
per completare quell'immagine
e portare a compimento le cose
sia sul piano spirituale
che su quello materiale
con un buon atteggiamento
una visione costruttiva.
I miracoli possono accadere
nella tua vita

puoi trasformare
il più ambizioso dei sogni
in realtà.
Con il numero 2202
il tuo angelo
ne hai più d'uno
ricorda che l'energia collettiva
è una forza molto potente
quindi sta a te
cercare anime
che condividano le tue verità
i tuoi principi
usa le tue energie per aiutare
guarire e servire l'umanità
in modi amorevoli
incoraggianti, stimolanti.
Accetta e usa la tua forza
in modi proficui, produttivi
prendi il tempo per scoprire
quanto sei meraviglioso
vedi te stesso
come il magnifico
essere che sei.

## L'angelo della gratitudine

Mi è apparso il 2306
numero curioso
normalmente non attira
l'attenzione
eppure
ne ho percepito l'enfasi.
Incoraggia a trovare
un equilibrio
tra la vita lavorativa
il tempo libero
i tempi di riposo.
Rilassarsi e trovare
il tempo per meditare
connettersi e comunicare
con gli angeli
o con gli spiriti-guida
aiuta a manifestare
i risultati desiderati.
Invita ad usare
affermazioni concrete
a mantenere
un atteggiamento positivo
poiché queste energie
attirano anche l'abbondanza
e manifesteranno
risultati favorevoli

nel corso della vita.
Invita ad avere fede
a confidare nel proprio *sé*
nelle proprie abilità, talenti
ad impiegarli
nel percorso che ti attende.
Ti sono state conferite
talenti e abilità
naturali
in modo da poter
condividere con gli altri
le parti più alte
più autentiche di te stesso.
Abbi fiducia
nelle tue capacità
poiché le hai
per ragioni più elevate.
Il messaggio del 2306
ricorda di ringraziare
purché la gratitudine
fuoriesca dal tuo cuore
non dalla tua mente.
Quando sei veramente grato
l'energia scorre dal tuo cuore
attiva risposte positive
dagli altri e dall'Universo.

Essere veramente grato
per le cose della tua vita
ti consente di vedere il mondo
con occhi nuovi.

## L'angelo della creatività

In questi giorni noto spesso
il numero 2323.
È associato alla creatività
la comunicazione
l'auto-espressione
incoraggia ad esprimere
la libertà personale
in modi unici ed innovativi.
È una combinazione
delle energie, degli attributi
del numero 2 con le vibrazioni
e le qualità del numero 3.
Entrambi appaiono due volte.

## L'angelo, la bellezza, la creatività

L'angelo della bellezza
ricorda che ti sono state date
abilità creative
per motivi importanti
e bisogna considerarle
come una benedizione
uno strumento utile
da usare per tutta la vita.
Vi è bellezza nella creatività
si è incoraggiati a diffondere
questa bellezza
per permetterle di toccare
i cuori di molti.
La propria creatività
può manifestarsi
ed essere espressa
in qualsiasi modo
secondo i desideri
del nostro cuore
della nostra anima.

Le convinzioni interiori

Con il numero 1717
se ci fai caso
se ti appare più volte
un angelo si manifesta.
Indica che la tua anima
ha un'importante missione
e uno scopo di vita
che implica comunicare
insegnare
guarire gli altri
servire l'umanità
in un modo che si adatta
alla tua personalità
alle tue capacità
ai tuoi interessi naturali.
Devi dare
un esempio positivo
agli altri
ispirarli a cercare
la propria passione
il proprio scopo.
Non permettere
ad alcuna insicurezza
di ostacolarti
impedirti di realizzare

il tuo destino
poiché tutto ciò
di cui hai bisogno
lo trovi dentro di te.
Il numero 1717
suggerisce anche
che potresti sperimentare
la fortuna, che porterà
alla manifestazione
dei desideri del tuo cuore.
È la tua convinzione che detta
la natura della tua realtà
credenze e pensieri uniti.
La tua vita cambia
mentre cambi
le tue convinzioni interiori
e scegli i tuoi pensieri
le azioni per soddisfare
le tue verità
i tuoi valori personali.
Devi essere lodato
per i tuoi sforzi
quindi continua così.
Il numero 1717
ti incoraggia a guardare
verso nuovi, diversi modi

di espandere, praticare
la spiritualità personale.
Ispira gli altri a realizzare
il loro più alto potenziale
mentre realizzi la tua missione.

## L'angelo dei buoni consigli

Vedendo il numero 2243
mi son detto
che non doveva essere
così importante.
Mi sono interessato a lui
ho scoperto
che riunisce gli attributi
del numero 2
che appare due volte
amplificando le sue influenze.
con le vibrazioni del numero 4
e le qualità del numero 3.
Il numero 2 aggiunge
le sue energie di diplomazia
cooperazione, adattabilità
considerazione per gli altri
ricerca dell'equilibrio e armonia
dualità, devozione e altruismo
fede e fiducia
al servizio del tuo scopo di vita
della missione dell'anima.
Il numero 4 si riferisce alla diligenza
alla determinazione
per raggiungere gli obiettivi
costruendo basi solide per sé stessi
per gli altri

in modo pratico, applicandosi
con duro lavoro e responsabilità.
Il numero 4 si riferisce
anche alla tua passione
guida della tua vita.
Il numero 3 risuona
con ottimismo ed entusiasmo
comunicazione, auto-espressione
ispirazione, creatività
gioia, talento naturale
capacità, espansione, crescita.
Il numero 2243
è l'angelo dei buoni consigli
porta un messaggio
in un linguaggio segreto
per prestare maggiore attenzione
a sogni, visioni
pensieri ricorrenti
idee, sentimenti.
Prendi il tempo per meditare
connetterti, comunicare
con l'invisibile
il regno spirituale
per trovare equilibrio
chiarezza e agire come guida.
Investi su te stesso

sulla tua spiritualità.
Sappi che hai le capacità
per manifestare
i tuoi più alti ideali
le tue aspirazioni
qualunque esse siano.
Può essere
che il messaggio di un angelo
ti dice di usare
le tue naturali
facoltà nel comunicare
per portare amore, luce
armonia, gioia
nella vita
di chi ti circonda ed oltre.

**Il nuovo viaggio**
16- Il nuovo viaggio
18 -Quando ero laggiù
20 -Mi son visto
27 -Reinventare il tempo
28- Matrioska
**E ringrazio**
32- Nell'infinito
33- Verso sud
34- L'angelo e la luce
35 -L'aurora
36- Il silenzio dei pianeti
37 -Oggi
38 -Le tempie imbiancano
39- Al bordo della vita
41- Nuovi paradigmi
42- Il presente ideale
43- Il vento porta
45 -Un filo d'oro
46- Mi accolgo
48- L'illusione del tempo
49- Altri semi
50- Elisir sonori
**Rivelazioni divinatorie**
52- Sono previsti
54 -Ieri
56- Rivelazioni divinatorie (27/04/18)
58 -Tarocchi 1
60 -Tarocchi 2
63 - Questa configurazione d'arcani
66 - Rivelazioni
**Messaggi dall'invisibile**
70- Messaggio dall'invisibile
71- L'angelo della fiducia
73 -L'angelo della gratitudine
75 -L'angelo della creatività
77 -L'angelo, la bellezza, la creatività
78 -Le convinzioni interiori
81- L'angelo dei buoni consigli